Le Monde de la femme

Les impliqués
Éditeur

Fondée en 2014, notre maison d'édition se consacre à la publication d'ouvrages relevant de divers domaines : littérature, récits personnels, premiers romans et nouvelles, essais en sciences humaines, religion, économie, etc.

Les impliqués ont pour vocation de publier, après sélection, les manuscrits qui leur sont confiés. Ils proposent ainsi aux auteurs de faire de leur projet d'écriture une réalité et d'éditer, après une réelle collaboration avec eux, leur ouvrage issu de leurs souvenirs, de leur imagination, de leurs rêves, de leur recherche ou encore de leur travail.

Raymonde Ankoli Bouta

Le Monde de la femme

Hommage à la femme,
victime des discriminations et des violences multiples
dans cet univers hostile

Poésie

Préface d'Isabelle Pranayama

Les impliqués
Éditeur

Les impliqués
Éditeur

De la même autrice

Sonnets d'Aliette et Pensées Fleuries (poésie), *Destin tragique* (Roman) chez Édilivre.

Mosaïque de Bérenger (Amalthée) sous le pseudonyme Ngali Marie Reine.

Fleurs et Prière et Brisons le cyclone de la haine (poésie) chez Essaim plumes notamment.

Et un jour tu comprendras cette Afrique et ce monde (poésie) chez Plum'art Z".

A participé à plusieurs anthologie dont
Silence sous les tropiques (L'Harmattan)
Le monde vert, l'humanité et la planète (Berkiab)
et *Et quand nos espoirs embrassent le droit* (les Impliqués).

5-7, rue de l'École-Polytechnique – 75005 Paris
www.lesimpliques.fr
contact@lesimpliques.fr
ISBN : 979-10-428-1322-2
EAN : 9791042813222
Pour l'envoi de vos manuscrits : voir à la fin de cet ouvrage

À TOUTES CES FEMMES DETRUITES

“Que mon tam-tam résonne fort
Pour réveiller tout ce qui dort
Rythme mes cris traduits en vers
Au nom des femmes de l’univers”.

Auteure

Préface

Le monde de la femme ou plutôt les mondes de la femme tant ils sont multiples.
L'autrice, Raymonde Ankoli nous propose une galerie de portraits dans laquelle la femme est présentée telle une conquérante partant à la recherche de ce qu'elle a perdu. "Aujourd'hui la femme doit regagner ce doux regard" [celui de l'homme] dans le poème A nos oripeaux ou dans Crépuscule.
Le lecteur retrouve plus loin au fil des pages, la femme déçue dans « *J'ai cru* » et *« ombre ».*
La lutte pour imposer les idées féministes ne date pas d'aujourd'hui ; le réveil fut lent sans doute car entravé "*sur des maux encaissés sans recevoir le pardon »,* et dans le poème La vallée des temps "*sur l'espoir saccagé par des milliers des dragons"*

Parfois, elles se retrouvent, ces femmes, « *Aux arcades du marché* » par exemple, ces moments qui ressemblent à des bouffées de liberté...mais elles ne perdent pas de vue que la recherche de la reconnaissance et de l'égalité sont leurs motivations décrites dans Hé ce monde.
L'espoir reste vivace dans la poétesse écrit que « *encore »* et pour toujours, tu dois combattre les actes trompeurs qui rongent les doux serments du bonheur ".

Dans ce recueil de poésie, Raymonde Ankoli aborde d'autres thèmes graves comme le viol, la polygamie, le poids de l'éducation familiale :
« Dès l'enfance, elle connait le poids de l'attente, /Qui est d'être sage, soumise, discrète et patiente. /Dans les yeux de l'homme, un reflet souvent trouble/Objet de désir, de

convoitise qu'au pied, on foule. », le temps qui passe avec le poème « *La vie* » ou encore dans « *Vieillir* », et nous invite à la réflexion sur nos modes de vie dans une société de plus en plus violente et discriminatoire vis à vis des femmes.
Avec Soleil d'amour, c'est une lumière qui brille tel l'espoir vivace que l'on continue de cultiver, nous, les femmes.
Notre poétesse termine son ouvrage avec Femme Vaillante, un texte plein de sensibilité, une ode féministe, pleine de force et surtout de lucidité.

Pourtant, comme disait le poète Aragon, « *a femme est l'avenir de l'homme* », nous pouvons ainsi garder cet espoir.

Isabelle Pranayama poétesse.

Prologue

« On *naît pas femme, on le devient.* » Simone de Beauvoir, c'est par cette citation que nous allons mettre en exergue la relation qu'est celui de n'être pas née femme mais de le devenir. Dans cette assertion, Simone de Beauvoir fait prendre en compte le rôle de la société dans sa condition féminine, la femme est construite et détruite par cette même société face aux violences qui lui sont faites.

Pour mériter l'identité femme, elle doit se lever contre les barrières qui se dressent sur son chemin et assumer son rôle contre l'oppression dont elle est victime ; la société silencieuse et la femme passive en tant que modèle et initiatrice en sont des responsables.

Dans l'ombre de nos société actuelle, bien que ce fléau silencieux ne date pas d'hier, il est tapi là depuis des générations et il persiste, rongeant le cœur de nos communautés entières qui fait que la femme subisse et se laisse maltraitée.

Cette violence est cachée derrière nos murs, dans nos foyers et dans nos communautés au système patriarcal, dans les rues prétendument sûres, des femmes de tous âges et de toutes origines sont des victimes d'une oppression insidieuse.

Elles subissent des coups, des injures et des humiliations de tout genre au seul motif qu'elles sont femmes. Leurs corps sont meurtris, leur esprit est brisé et leur dignité est dépouillée de la liberté qui leur due et de leur humanité.

Les voix doivent se lever pour se faire entendre, car le silence n'est plus de mise, les consciences doivent s'éveiller pour se révolter. Il est temps de briser les chaînes de l'impunité, de dénoncer les actes horribles, de soutenir les victimes et changer les mentalités.

Ce recueil de poème est un cri d'appel aux femmes et aux hommes à s'unir pour construire un monde où la violence n'aura plus de place ; un monde ou l'égalité, le respect et la justice règneront en maîtres. Un monde ou chaque femme peut vivre libre et sereine sans craindre pour sa sécurité, son opinion, son intégrité et sa vie.
Ce recueil se veut une introduction à une réflexion profonde sur les attitudes négatives qui sont faites aux femmes, une réflexion qui doit contribuer à amener et à éradiquer ce fléau omniprésent qui mime notre société aux conséquences dévastatrices pour faire place à l'espoir d'un changement et d'un avenir meilleur.

Raymonde Ankoli Bouta.

Sous le regard de ce monde

Dès l'enfance, elle connait le poids de l'attente,
Qui est d'être sage, soumise, discrète et patiente.
Dans les yeux de l'homme, un reflet souvent trouble
Objet de désir, de convoitise qu'au pied, on foule.

Elle est jugée sur son apparence et son corps,
Ses formes, ses courbes, ses atours sans son cœur
On la compare, on l'épie et on la critique,
La faisant prisonnière des codes et des normes esthétiques.

On la veut douce, maternelle et dévouée,
Mais aussi séductrice, libre et affranchie.
Et ces injonctions contradictoires sont un fardeau lourd,
Qui pèse encore sur ses épaules jour après jour.

On l'a assignée dans les rôles et mise dans les cases étanches
Mère au foyer, mère aimante et épouse rangée
Mais elle aspire à d'autres horizon, à monter sur les planches
Oui elle peut casser ces cloisons, briser les prisons pour changer.

Elle se bat pour ses droits, pour son égalité
Pour que son regard soit enfin respecté.
Elle trace son chemin avec persévérance
En revendiquant sa liberté, son indépendance.

L'hommage á la femme

Tu portes l'enfant du monde au creux de ta main douce
Tu sèmes de l'espérance dans l'obscurité de la brousse
Tu es la source vive de tes enfants d'un éclat inépuisable
Tu es aussi la force qui nous relève l'amour inaltérable.

Ton regard inquisiteur a une intuition qui devine
Une sagesse ancrée et cachée qui est divine
Qui construit patiemment, nourrit et transmet
L'héritage d'un cœur humble et toujours prêt.

Tu es la mère, l'amie, l'amante et la guerrière
Celle qui sait se battre pour unir le ciel et la terre
Avec un amour authentique qui trace les frontières
Entre l'utile et l'éphémère et des vaines lumières.

Tu as su lutter dans l'ombre pour la place conquise
Brisé le joug des chaînes pour balayer la méprise
Et dans chaque victoire et á chaque pas franchi
Tu montres et tu rappelles la valeur de la vraie vie.

Ô cœur du foyer, ô l'heureuse étoile du chemin
Ô femme, reçoit cet hommage du respect souverain
Pour ta grâce et ton feu, ta beauté et ton courage
Tu restes le plus beau livre dans toutes les pages.

Victoire

Les cordes de l'injustice ont beau t'encercler
Les flots sales et boueuses des vauriens t'ont terrifié
Et les pièges de la mort t'ont entouré puis bouclé
Tu n'as pas failli à ton courage quoique pétrifié.

Femme !
Dans la détresse, ton regard s'est tourné vers le ciel
Ces milles tracasseries ont renforcé ton potentiel
Et dans ce crépuscule la vie dépendait de ton moi
Car il suffirait alors que tu restes ferme dans la foi.

Femme !
Le chant heureux va rythmer dans ta tête
Et la joie viendra sans résister à ta quête
Fermement tu balayeras les idées mortifères
Tu résisteras pour ressembler à un luminaire.

Femme !
Et le temps de victoire viendra
Dans la vague houleuse qui t'emportera
Car tu as prié vers ton Dieu qu'il te secourt
Il t'a entendu et tu as eu droit à son amour.

Ô femme !
Ta foi c'est ta victoire
La lumière inaltérable
Le soleil de l'espoir
La force inébranlable.

Ombre

L'ombre meurtrier de nos sociétés
Est le fléau immonde qui résiste.
Les femmes sont blessées et humiliées
Sous ce fardeau de silence qui persiste.

Des femmes asservies et diminuées
Des féminicides toujours omniprésents
Les mêmes faits qu'on nous a habitué
Elles sont victimes de la violence machiste.

Des insultes encaissées dans le secret
Elles les subissent et se méprises
A l'ombre des coups reçus sans surprise
Le corps tailladé de signes indiscrets.

Regarde les crevasses de leur peau meurtrie
La peur les étripe dans les fausses cajoleries
Et leurs voix éteintes sont déjà réduites
Dans le mutisme des actions éconduites.

Le mutisme imposé n'est pas une solution
Le temps de révolte a vraiment sonné
Pour casser cette ligne d'oppression
Qu'on ne doit plus jamais cautionner.

L'élue et la maîtresse

La maitresse s'était vantée sans retenue,
S'est vue jetée á la poubelle sans loi ni foi
Elle qui pensait avoir gagné tous les droits
Se retrouva sans arme face á l'élue.

Elle qui attisait les regards et les flammes
Ne sachant pas que chaque chose a ses saisons
Quand l'amour fut émoussé sans raison
Le monsieur se rapprochait de sa femme.

Et cela ravivât l'amour d'antan
Qui couvait encore sous les cendres
Attendant juste un coup de vent
Qui rallume le feu sans l'éteindre.

Ainsi les astres intercalants
Comme un phœnix qui renait encore
Permirent au feu incandescent
De brûler de plus belle dans leurs cœurs.

Plus fort et plus beau qu'on ne l'aurait su
Imaginé, car la maitresse était toujours en vu
Désormais á son cœur défendant
Elle devait tenir le flambeau.

Elle doit regarder celle qui est sur l'escabeau
A beau jouer les reines, on tombe sur le panneau
Hé femme, ne nous faisons pas la guerre
A ce jeu, nous ne gagnerons guère.

Que chacune arrête de vouloir ravir
Ce qui est á l’autre par pur ou vil désir
Au contraire nous devons nous entraider
Afin d’anéantir ce qui est mal sans concéder.

À nos vrais partenaires

Sachez bien chère madame
On vous porte dans l'âme
Par vos enfants, vos chéris
Une maman reste dans l'esprit.

Ton premier regard
À ton premier bisou
Est indélébile à tout égard
Même plié sous les coups.

Ces petites attentions
Qui sont sans prétention
Sont un emploi à plein temps
Sans congé, mais porteur du bonheur.

Éduquer les hommes

Dès l'enfance, veuillez semer les graines du respect,
Mettre dans le cœur des garçons un amour sans défaut.
Leur apprendre à voir en chaque femme une sœur, une maman,
Leur égale, leur meilleure amie et jamais un objet.

Éduquer le garçon, c'est ouvrir les yeux de l'homme futur,
Sur les stéréotypes et les préjugés qui rendent immature.
C'est pouvoir leur montrer la richesse de la diversité,
La force des femmes et leurs talents audacieux et décidés.

Il faut leur apprendre à écouter et à comprendre,
A partager sans jugement, sans condescendance.
Voir l'égalité, une chance qu'on doit tous apprendre,
Un chemin vers un monde plus beau, sans dépendance.

Éduquons les hommes pour les encourager à mieux agir,
A dénoncer les violences et les discriminations.
Lui faire comprendre, que son rôle est essentiel contre l'oppression,
Pour construire une société ou chaque femme peut s'épanouir.

Il faut qu'on leur donne aussi les outils,
Pour remettre en question, les modèles toxiques.
Leur apprendre à les honorer sans coup faillir,
Dans toutes les dimensions sans artifice, sans les claques.

À nos oripeaux

L’homme et la femme sont des êtres qui se ressemblent
Ce sont deux joyaux qui toujours, qui s’assemblent
Deux gouttes d’eau qui éternellement se complètent
Même dans les plus inutiles compètes.

L’Eve tirée de la côte d’Adam
À l’origine était la grande dame
Proclamé par son élu “l’os de mes os”
Cette joyeuse lumière fut alors précoce.

Aujourd’hui la femme doit regagner ce doux regard
La joyeuse attention qui n’était que pour elle au départ
Et qu’elle a perdu sous l’instigation du porteur de rien
N’oublie pas tu es le complément de ton homme en bien.

Ce n’est pas les oripeaux qui faits ta valeur
C’est l’amour de ce mec qui te rend meilleure
Il peut aller jusqu’à braver la mort pour toi
Si tel est son concept que ne meurt en cette foi.

L’histoire de la femme et de l’homme concerne toute la terre
Ensemble, ils sont les véritables vecteurs de notre imaginaire
En termes de lumière procréatrice pour un monde sans cavaleur
Et pour leurs descendances, que l’espoir soit rempli de valeur.

Femmes aux yeux rougis

Les yeux rougis, l'esprit meurtri
Ces larmes coulent dans la nuit
Les mots sont durs, les coups blessants
Son cœur est brisé, son corps est en sang.

Souffrance physique, blessure profonde
Cherchant la force de vaincre ce monde
A la conquête de l'espoir, plus déterminée
Dans son cœur brille la flamme de la fierté.

Au fond d'elle, une étincelle luit
L'espoir de renaître aujourd'hui
Elle se lève, fait des pas après pas
Brise les chaînes issues des dégâts.

Si tu es victime de violence
Sache que tu n'es pas seule
Il te faut de la résilience
Mais aussi de la résistance.

Quand on a tous les droits

Aujourd'hui on croit avoir tous les droits
On devient sans yeux et sans oreilles
On accumule une grande gueule
En mal, on devient fort adroit.

On fait tout et du n'importe quoi
Le bon sens se fera alors silence
Dans l'océan des flatteries flatulences
Qui règnera sous les mauvaises fois.

Et si on bave de cette situation
Dans la cavité des humiliations
Où génèrent toutes les persécutions
Tendance à se satisfaire de nos conditions.

Rescapés d'immondices sans refuge
Dans l'immaturité imposée sans culpabilité
Dû aux funestes complots assumés
Nous sommes à la fois coupables et sans juges.

Les crépuscules

Il existe de l'amour en ce bas-monde
Il y a aussi de la haine qui nous inonde
Chacun de ces visages peut être en pleurs
Tandis que l'autre nous apporte les fleurs.

Au gré du crépuscule, l'amitié nous délivre
On pense aux amis avec qui pousser les rires
Ceux qui avec qui on a vécu des histoires
Bonnes et mauvaises sans en tirer la gloire.

La vérité nous fait face à travers son miroir
Sachant être humble dans notre mouroir
Nul ne peut grandir sans faire les erreurs
Broyer les épreuves, apprendre dans la fureur.

Mots et comportements deviennent des immondices
Déchets gigantesques alors qu'on les aspire avec délice
Dans ce crépuscule de l'abîme du non-discernement
On devient tous des bennes d'ordure à tout moment.

N'ayez pas peur des combats de la vie et devenez soleil
Le soleil est le seul met qui fait briller la planète terre
Si vous êtes seul, gardez en vous cet éclat solaire
Faite que votre vie en bien, sois une référence planétaire.

Gardez le positif, la joie de vivre et oust aux nuages
Rien n'est plus beau que la foi dans ce périlleux voyage
Qui nous impose de persévérer pour enfin voir la lumière
Quand on trouve la force de vaincre les vents mortifères.

Fourberie

Quand la malice s'invite
Dans un monde des bêtes
On y voit que de l'hypocrisie
Qui instaure sa fourberie.

Les sourires s'évanouissent
Ou bien ils s'épanouissent
En mode flagornerie
Qui fausse la bonté infinie.

Il faut être réaliste
Cacher ses plus profonds desseins
Pour une façade élitiste
Et pour se trouver hors du pétrin.

On est privé de la libre expression
Et seul le silence devient parole
Le langage de toutes les persécutions
Au-dessus des têtes sans auréole.

Chaque mot est dit avec sérieux
Dont les impressions sont factices
Aux images d'un monde véreux
Et soumises aux feux des injustices.

Il faut être violemment rusé
Même quand sacrément frustré
Tu devrais assumer ta fourberie
D'où tu tiens tout ton argenterie.

J'ai cru

J'ai accepté l'homme dur et critique
J'ai vu un monde hypocrite, ordurier
Plein de vaniteux et de tas de fumiers
Mais l'homme restera un être épique.

J'ai cru en ce peuple perdu
Dans sa vie cabossée éperdue
Vibrant dans sa peine et sa faim
Ne sachant plus où est le chemin.

La mort est dans l'air impalpable
Bien qu'elle soit naturelle et irréparable
Quand elle survint à notre insu
Elle se suffit à faire de nous des déçus.

J'ai cru aux vestiges non-insondables
Et j'ai vu des corps tassés, innommables
Alors qu'est-ce que toutes ces foutaises
Pourquoi toujours escalader les falaises ?

Même si le diable envoie ces démons
Je croirais toujours en ce qu'il y'a de bon
Quand je verrais les beaux sourires
Qui illumineront toutes les faces étriquées.

Le poids des silences

Tes yeux sont des lacs où se noient les maux
Les lèvres sont muettes, prisonnières des coups
Ton corps est victime des stigmates de l'orage
Et tes épaules se ploient sous le fardeau des âges.

Il a démoli ton sourire et emprisonné ta joie
Il t'a imposé la peur qui est devenue ton royaume
Par des gestes brutaux et des paroles de croix
Tu es devenue l'ombre de ton ancienne flamme.

Tu te dissimules derrière tes tisons de deuil
Tes larmes silencieuses creusent ton cercueil
Tu étouffes tes cris sous une carapace profonde
De peur de sa colère et de ses foudres immondes.

Une force tranquille de vie, luit en toi
Tu te relèves car tu as fait ton choix
De mener tes pas vers une aurore nouvelle
Où au fond de toi, brille une étincelle.

La vallée des temps

Ô ciel puisses-tu combler cette vallée
En justice en lieu et place de la déloyauté
Du félon sans cœur animé de la perfidie
Qui éclate la malice des prétendus érudits.

Des stratégies immondes pour détruire
Y enjoint l'avilissement comme rigueur
Horrible système qui initie nos cœurs
À l'acidité et l'inaptitude à s'auto-construire.

Il nous faut à nous femmes, des mots élogieux
Qui accompagneront nos efforts ingénieux
Sur les maux encaissés sans recevoir le pardon
Sur l'espoir saccager par des milliers de dragons.

Hommes pensez-y, viendra notre colère
Un jour ou même les fondations entières
Ne pourront plus rien faire et à quel prix
Nos cultures, nos enfants auront tous péris.

L'hommes sera surpris de se voir surpassé
Les rôles seront changés et aussi inversés
Oui un jour ce sera partout la grande fureur
L'humanité reconnaitra à la femme son horreur.

Il est temps de combler ces falaises de vallée
Allons prescrire, écrire, agir et allons cavaler
Il est temps maintenant de faire les choix
En marchant ensemble pour tous nos droits.

Balade des femmes

Une promenade au bord de la Loire
C'est ce que l'on a fait avec mes amies sœurs
Humer l'air et sentir toutes ces odeurs
La nature en toute simplicité a boosté nos espoirs.

L'air, l'eau et la terre ça fait du bien
Les échanges de belles paroles, ce n'est pas rien
Balade inter âge, vieux et jeune ont les mêmes besoins
S'entourer des uns et des autres puis en prendre soins.

La vie n'est pas la même pour tous en ce bas monde
Apprendre de bonnes manières, avoir une belle réputation
S'entourer d'amitiés désintéressées qui sont bénédictions
Puis souhaiter le bien à tous sans régionalisme sans nation.

Soyons les pionnières de l'amour : fille, maman et grand-mère
Soyons des héroïnes de nos descendants sur cette terre
Le présent se vide des valeurs et devient de plus en plus triste
Faisons ce qui est possible pour que l'empathie et le bien subsistent.

Ne taisons pas la nature qui nous parle de mille façons
À nos bouts de chou, faisons découvrir cette beauté
Et par des balades remplies d'observations et de leçons
Qui émerveilleront les cœurs en toute sécurité.

N'est-ce en plus en notre devoir de cultiver l'homme de demain
Que la jeunesse puisse reconnaître la valeur de la femme
Dans ce triste monde et pourra faire barrage au mauvais chemin
Qui est souvent le féminicide et d'autres choses infâmes.

Les arcades du marché

On se sent vivant
Dans les arcades du marché
J'y vais souvent
Faire ma marche
Et faire le marché.

Il y a pleins de senteurs
Et pleins de couleurs et d'odeurs
Dans différents étals
Mais aussi de l'humeur
Aux effets banals.

Regarde ce public animé
Il va de gauche à droite
Il touche et poireaute
Il parle, il élève la voix
Avant de faire son choix.

On sent et on soupèse
On goute parfois
Des moments d'échange
Dans un lieu qui apaise.
Dans mon petit marché
Il y a une bonne ambiance
Qui ne fait pas oublier la méfiance.

Il faut surveiller les trucs
Faire attention à son fric
Mais ça rapproche les gens
Tout en restant vigilant.

Le vendeur et l'acheteur
Doivent bien s'entendre
Il y a des plaisanteries et des humours
Qui s'accompagnent de rires tout autour.

Sauf hélas, pour les vieux jaloux
Qui surveillent leurs épouses
Et mettent sur leur chemin des cailloux
Ils se comportent en de vraies ventouses.

Une fille

Je ne suis qu'une fille
Une personne qu'on titille
Je ne suis pas un ange
Et souvent on me plonge.

Ces idées imposantes
Sont des coups de couteaux
Qui ne sont que des mensonges
Elles ne sont pas notre flambeau.

Je ne suis qu'une fille
Qui souvent on effeuille
On me casse comme une brindille
On me lorgne comme le millefeuille.

Je veux sortir de ces viles considérations
Ne pas s'oublier et sécher mes larmes
Que la sagesse soit mon arme
Pour que je m'oppose à la persécution.

Je suis une fille, un être humain
Qui rêve qu'on lui prenne la main.
Ma vie est comparable à l'univers
Qui lutte des coups pris de travers.

Qui sommes-nous ?

Nous voulons souvent conscientiser les autres
Qui nous sommes-nous face à tous les êtres
On n'est nous même pas juste pour oser juger
Le seul droit qu'on a, est de pouvoir nous même se jauger.

Qui sommes-nous pour corriger l'humanité
Nous qui flattons les mieux lotis
Qui font souvent du tort à nos belles entités
Quand encore dans le néant, on se blottit.

À nourrir subtilement les idées du fanatisme
Certains vont jusqu'à vénérer le fétichisme
Par ce choix, ils oublient qu'ils s'enchainent
Aux actes entraînant la jalousie et la haine.

Dans la spirale de nos honneurs frelatés
On ne voit que ces femmes aux corps fracassés
Cette vision hors de la réalité est concassée
Seul importe la victoire qui pourra en résulter.

Tu mettras un imbu devant millions de preuves
Et lui soumettre quantité des faits et d'épreuves
Il croirait toujours à ses arguments et ses illusions
Tes dires pour lui, ne seront que des confusions.

Face à l'ignorance qui continuellement bruisse
Pas de dispute avec des gens aveuglés par leur égo
Sectarisme et haine sont leur fond de commerces
Tu as beau dire la vérité, leur bienséance ferait défaut.

Bien que nous n'ayons pas à juger
Nous n'opposerons pas le silence
Comme acte de sans préjugé
Qui a pour but de prouver notre résilience.

Tant qu'à faire ou à taire, qui sommes-nous ?
Quand il ne suffit pas de se mettre debout
Quand il faut éviter déloyauté et dépendance
Face aux revanchards des multiples offenses.

Faut-il encore ....

Je n'ai connu que les baffes d'un monde tourmenté
Où le cœur se fait brûler par des braises argentées
Des histoires terribles plus qu'on ne l'imagine
Elles nous tordent les tripes et nous rendent indignes.

On est tous livré aux abîmes du malséant insurmontable
Accompagner de verrues et des blessures innommables
Que faut-il faire quand les coups deviennent invivables ?

Quand par malheur tu deviens une ombre de toi-même
Mine sombre sans lumière aux reflets désagréables
Qui te transforment en homme de bourgeois-bohème.

Dans cette vie sans soleil aux excès moribonds
Même une fleur n'arrive pas à s'épanouir dans son fond
Car tout est abonné aux relents nauséabonds
Qui nous entraîne dans les abysses de nos tréfonds.

Que faut-il offrir contre les injustices incessantes
Quand les astres doivent s'aligner contre les insultes
Et seule la morale s'inflige l'ignoble tortures.

J'ai beau joué ma pièce et stimulé l'enjeu des règles
Dissimuler les horreurs ou nage toutes les violences
Je reste avant tout un être de chair, un être espiègle.

Quoi faire, quand nous foudroie l'impitoyable empire
L'inexorable cœur d'acier qui se languit de nos soupirs
Pourrait-il avoir un miracle pour déblayer la souffrance
Innocemment inoculer au milieu d'être en errance.

Le monde veut

Le monde attend un monde d'armistice
Il refuse celui qui est basé sur l'artifice
Quand on met de l'avant nos différences
Qui amène avec elle, millions d'incidences.

Oui le monde aspire à un monde de paix
Il ne veut de cette prostitution voilée
Des faux bons mots jetés sur le "carpet"
Et qu'on utilise pour nous louvoyer.

Sachez que le violent est un être malade
Qui est en ignorance de son état
Il aurait besoin d'être mis en garde
Et pour cela ne cacher pas ses éclats.

Dans les méandres de toutes les algarades
Il faut changer les choses et voir plus large
En prenant l'harceleur et la victime en charge
Pour que cesse à jamais cette mascarade.

Papa, maman il est temps d'ouvrir les yeux
Quel héritage pour les générations futures
Nous poètes et écrivains, sommes désireux
Que le monde à venir hérite de la rupture.

À cette mutinerie qui déjà nous accable
Qui met des centaines de mères à genoux
Prisonnière de cette injustice commutable
Qui plonge inutilement nos têtes jusqu'au cou.

Les idées

Les idées diffèrent tous les jours
Plein de politiciens hypocrites
Laissent la police dans la faillite
Mettant le monde dans la bourre.

Le droit à la parole est un vain mot
Pour le lambda face à tous ses maux
Les atteintes à la vie sont multiples
On a là les épreuves et les exemples.

Pour se faire entendre dans cette vallée
Certaines choisissent de battre le pavé
Portant les panneaux et les étendards
Qui les fait sortir parfois dans les brancards.

Les corps abimés jusqu'à en baver.
Ils ont espéré se faire comprendre
Mais ils se font fait matraqués
Par les forces de l'ordre parquées.

Pour la société qu'ils doivent défendre.
Quel que soit le bloc qui serait formé
Les vitupérations ne vont pas transformer
Les dures réalités des préjudices.

Causées par autant d'injustices.
La paix est le tableau le plus beau
Qui enseigne de porter l'amour plus haut
Et de vider en nous les intérêts égoïstes.

Pour devenir les plus grandes altruistes.

Battant le pavé

Les pas décidés portent le regard vers l'horizon
Elles avancent unies en une procession
Les voix s'élèvent faisant retentir les slogans
Dans les rues de la capitale, il n'y a plus de rétention.

Le pavé sous leurs pieds en cadence,
La colère gronde, la détermination est immense
Elles dénoncent les injustices, les inégalités
Entre l'homme et la femme, qu'il n'y a pas d'équité.

La foule s'étend, serpent humain en mouvement,
Drapeaux et pancartes claquent et s'agitent dans le vent,
Rythme dans leurs cœurs, la force de changer l'histoire
Dans leurs yeux luit comme jamais la flamme de l'espoir.

Laisse ça

Tu as toujours eu le choix
De faire ce que tu veux
Ce n'est pas ce l'on croit
Dans un monde heureux.

On est mal conditionné par ailleurs
Avec des préjugés et des malheurs
Qu'être né une femme
Est devenue chose infâme.

Il faut accepter tout sans un mot
Les brimades physiques et verbaux
Aux tyrannies immondes à subir
Sans jamais perdre son sourire.

Il y a aussi des scènes
Soutenus par des mécènes
Qui ont bien contribué
Aux léthargies continues.

Laisse-çà ces choses
Celles qui te tordent
Qui te met la corde
Sous des fausses causes.

Ce n'est pas pour souffrir
Que Dieu t'avait créée
Ton bonheur, il faut le conquérir
Et de ta fragilité, tu dois triompher.

Privation inutile

Des actes sans valeurs nous privent
De cet éclat de l'espoir du bien-vivre
Ménageant notre cœur pour survivre
En écoutant le chant mélodieux de la grive.

On peut prendre mille décisions
Être silencieux aux incompréhensions
Mais il a suffi d'un sourire parfois
Pour qu'on se rétracte de notre choix.

Rien n'est facile, tout est compliqué
On reçoit la sentence de l'ingratitude
Et on doit combattre notre lassitude
Pour faire comprendre les gens constipés.

Qui font de mauvais actes avec promptitude
Ils reflètent ce monde qu'on nous a calqué
Dont la lâcheté institutionnelle est une habitude
Couvert sous le vernis des vertus non appliquées.

Nos belles ambitions à jamais perdues
Sur d'effroyables préjugés et malentendus
Des idées détournées avec dextérités
Par des faux sourires dans les yeux sans bonté.

Pour faire de nous des pantins malheureux
Millions de fois, partir ou mourir on a voulu
Le sourire de la lâcheté, nous a suspendu
Et nos élans étant coupés, nos forces ont fondues.

Parle

Il faut parler quand les choses t'interpellent
Parle, quand ce que tu as à dire est plus fort
Parle, quand le silence devient une lâcheté
Parle, quand la voix de la raison t'appelle.

Parle, devant un silence qui est coupable
Face à l'injustice, ne laisse pas le silence gérer
Les silences catastrophes sont inguérissables
Ce sont les fruits de malheurs qu'il faut rejeter.

Pouvons-nous être silencieux
Quand nos actes sont capricieux
Le refus du langage nommé silence
Ne saura peut-être pas être une offense.

Parle ou tais-toi quand il le faut !
Abstiens-toi de faire le mal s'il le faut !
Tout est question de maitrises
Parfois pour éviter le préjudice.

Parle, contre les falaises de la galère
Parle de l'amour, ce fruit doux-amer
Parfois trompeur, flambeur ; est applaudie
Quand s'entremêle intégrité et perfidie.

La vie est silence, mais elle est aussi parole
Dis ce que tu veux sans crainte face à ton idole
Loin de t'isoler, exprime en mots ce que tu adores
Réjouis-toi de ta liberté pour faire fuir le matador.

L'ombre et le soleil

Quand le soleil brille dans les yeux
Impossible d'imaginer les adieux.
Quand la lumière scintille sur l'eau
C'est une vision idyllique et belle.

Et quand la détresse s'invite dans le terroir
Par des mots ou les coups, tout devient noir.
Et l'horreur devenu maître dans la félonie
Par lui fut introduit trop de tragédies.

Tous les diagnostics montrent un mal ascendant
Et on se complait dans un monde impénitent.
Et par les beaux temps, on devient des hypocrites
Qui jouent des rôles à se soumettre aux vils rites.

Y a plus de retenu à s'étriper par les coups et les mots
Et avec un peu de conscience, on joue les sots.
On a beau s'estimer capable de comprendre
Le cœur dans le déni ne peut rien entendre.

Triste est le manteau de la nuit qui nous recouvre
Le spectre de la mort et du désamour nous entoure.
Mais il n'y a qu'un seul maître, notre moi en esprit
Qui nous énergise, nous fortifie toujours sans répit.

La boule au ventre

J'ai la boule au ventre qui me coupe le souffle
Je suis en manque de l'air et je m'essouffle.
Ce monde intrigant est de plus en plus indigeste
Trop longtemps, ses méchancetés nous empestent.

Nous privilégierions des moments précieux chaque jour
Aux kyrielles des monstruosités qui nous étouffent
Qu'on aimerait les faire disparaître pour toujours
Battant le trottoir pour fuir au désespoir qui nous bouffe.

Et pourtant, il y a tant de théories en abondance
Des écrits jetés çà et là sans apporter l'espérance
Mais ceux qui vaillamment pour le bien se lance
Se voient partout et souvent accuser d'ingérence.

Quand par les censures indignes le mal nous écrase
L'outrage assumé des voleurs qui ne feront table rase
Ils nous acculent des lois qui encore nous appauvrisse
Pour pouvoir à dessein accumuler d'individuelle richesse.

Quel pouvoir pourrait avoir nos multitudes larmes
Quand les vies partent en couille devant les armes
Voyez-vous dans quel état le monde est aujourd'hui ?
Les aigrefins avec leurs lois ont à jamais tout détruit.

Privilège

On est tellement privilégié
Qu'on laisse le mal fortifié
L'insecte n'est pas fustigé
La maltraitance est encouragée.

Et pourtant de tous les êtres vivants
Ne sommes-nous pas des élus
Pour lesquels Dieu a fait à son image
Et a donné le pouvoir de tout dominer.

Dieu a fait de nous les plus importants
Avec tout ce qu'il y a de dominant
En sagesse et en libre choix de nos actes
Quoique diverses influences nous impactent.

Dans cette époque propice au mal
Rendant tristement la vie sacrée banale
Pourquoi on ne s'accroche pas au bien ?
En jetant l'implacable violence qui n'est rien.

Quoiqu'il semble combler nos aspirations
La clé néfaste des mauvaises intentions
Est l'auteur de nos grands châtiments
Qui fait vivre les mêmes ressentiments.

Cette clé rend difficile les lendemains
Pour qu'on marche la main dans la main
Comme ce fut pour Jésus et ses apôtres
Qui sont bel exemple pour tous les êtres.

Ôtant les privilèges qu'induisent les malheurs

Qu'on retrouve dans nos prétendus savoirs
Quand l'objet de nos calculs sont des avaloirs
Qui nous mène aux égouts des douleurs.

Bannissons en nous ces mauvaises graines
Qui sont sources de perdition et des peines
Pour faire fleurir les merveilles du bonheur
Qui feront voir le bien-être sans les horreurs.

Hé ce monde

Beaucoup ne pensent qu'à réussir
Et souvent par n'importe quel moyen
Oubliant le rôle d'un vrai citoyen
Oubliant de vivre et durcir le cœur.

Tous les êtres ne sont pas égoïstes
Il y a pourtant ceux qui sont égotistes
Et croient que les autres ne sont rien
Quand leurs actions font du bien.

En haut il y a un Souverain qui nous regarde
Il nous fait grâce des merveilles de la terre
Mais nos mensonges sont des paratonnerres
Acquisition de faux principes qui nous retardent.

Ayant adopté des idéaux violents et insignifiants
Qui nous fait croire à tort qu'on a la clé du monde
On en perd notre faveur aux meilleures ondes
En obtenant que les tracas au cas échéant.

Certains prennent la vie des autres comme un jeu
À aucun moment ils ne se rendent compte
Que leurs fautes ont engendré les malheureux
Qu'ils ont entraîné sur les abruptes pentes.

Et pourtant, on s'accroche comme on peut
Avec des projets de plus en plus douteux
En étant malade de tous ces actions honteuses
Des brutalités à la fois sauvages et calamiteuses

Les menteries à chaque mot qui sortent de la bouche

Même quand c'est le soleil qui brille, on nous douche
On se déchire à coup de jalousie et de haine
Au lieu de penser à se débarrasser de ces chaines.

On les trimballe partout où on va, ce qu'on fait
Puisqu'il faut se prêter à de fausses joies
Faire semblant comme si c'était notre choix
Et nos vrais sentiments, rien à faire on les tait.

Hé c'est ça ce monde dont on est axé sur les faux
Faux bonheur, faux en tout et on devient speed
Être méchant et impudent devient aussi un boulot
On a plus d'excuse, car on est plus que cupide.

Le constipé

Le constipé qui s'énerve sans élégance
De son corps émerge toute la violence
La bouche fendue qui émette les menaces
N'aura dans cette société aucune place.

Quand la sagesse doit s'imposer sans pareille
Pour que chaque vie ait sa part de merveille
Face aux mépris et à l'implacable dédain
Le constipé ne revendiquera pas ses pétrins.

Les bonnes manières pour vivre nous échoie
Nous avons cette liberté de s'édicter un choix
Celui de faire que le monde soit harmonieux
En lieu et place des actes tellement odieux.

Il est temps de s'accorder une vision sublime
À ne pas fermer les yeux devant les crimes
Qui impactent la vie des milliers d'êtres humains
Alors qu'ils sont en quête des meilleurs lendemains.

Défonce

Ami, on a deux pieds pour courir le monde
Marcher sans se soumettre aux actes immondes
Les gens ont besoin des honneurs et des faveurs
Tant qu'on est gourde, rien n'atténuera nos douleurs.

Ami, on a que deux yeux pour apprécier la nature
Devant un être méchant qui souvent nous défonce
On fait semblant de regarder ailleurs, car immature
À notre propre vision et nos idées qu'on y renonce.

On a deux oreilles qui maintiennent notre équilibre
Voir ne suffit pas, il faut aussi entendre
Refuser d'être un mouton devant les brutalités
Ne pas se laisser défoncer par l'infâme cruauté.

Et la langue, bien qu'elle soit une
Il faut grandement s'en méfier
L'objet de notre bonne ou mauvaise fortune
Elle peut faire grandir ou humilier.

Défonçons toutes violences
Qu'elle soit verbale ou physique
Chaque vie est sacrée et unique
Soyons conscient de cette évidence.

Encore

L'espoir qui est mis en toi ma chère dame,
Est de faire en sorte que ta progéniture ici-bas,
Trouve le chemin de la plénitude sans débat
En évitant le plus possible les choses infâmes.

Quand tu vois l'intimidation et les violences indigestes
Fuis et caches-toi sans honte de cette puante laideur,
Tu sauras quoi faire en tant qu'être plaideur
Pour que rien n'entrave ton rôle éducatif qui se manifeste.

Quand il te faut être ferme et strict face à l'incompréhension
Même de tes enfants, ne baisse pas les bras et dis-toi
Que le jour viendra où ils comprendront tes belles intentions
.

L'homme évidemment est le produit de la femme,
Tant que tu auras su l'aider dans sa jeunesse,
Il se rendra compte de ta valeur sans faille.

Ne dit-on pas que nous récoltons les fruits
De ce que nous aurons semés aujourd'hui,
Aussi chère maman sur ce rôle si noble
Ne baisse les bras, occupe bien ton vignoble.

Tout le monde applaudit la beauté,
Mais la meilleure est celle qui vient de cœur
N'oublions qu'on peut tomber sur la fausseté
Même si les yeux ressassent de belles choses encore.

Sois le souffle héroïque à la gloire des formatrices d'âmes
De lumières et de vertus en l'honneur des valeurs morales.
Quand tu vas l'imposer comme l'apothéose vitale,
Pour l'affective qui honore toutes les vaillantes dames.

Il ne faut pas qu'elles défaillent face à leurs devoirs.
Que leur affection s'épanouisse, leur identité originelle,
Dans tout ce que tu combats pour être la mère sans échoir
Cette nation qui tangue te rende les choses plus terribles.

Et qui dans l'aveuglement te brime et te maltraite,
Réduisant tes capacités en une somme discrète
Le mal est fait à toute une génération ankylosée
Que seul l'amour peut toujours et encore sauvée.

Fais-leur découvrir l'inconscience de leurs actions nocives
A ton égard, faisant ainsi bloquer la reconnaissance
De l'hymne de l'affection aux ayants droits de confiance.
Combat ces actes trompeurs qui te rongent sans être émotive.

Imagine

On a toujours rêvé avoir une vie de conte de fée
Et on se complait dans l'illusion d'un bel avenir
En fait on veut que nos souhaits soient agréés
Dans nos faiblesses, il y a des pleurs et des rires.

Il faut qu'on élève notre foi comme un flambeau
On sait aussi ce que l'on poursuit n'est que vanité
Au-delà des envies, l'ombre étendra son manteau
Ce serait dur quand on découvrira nos tristes réalités.

Les choses importantes n'ont jamais été facile
Passé nos années d'enfance, on voit ce qui est plébiscité
Jour après jour, nous découvrons que le combat est difficile
Soit on gagne ou on échoue aux rêves d'être des célébrités.

Mais la vie est une arène funèbre où on se bat sans pitié
Passe la désillusion qui montre que nos efforts sont limités
Certains choisissent de mentir et de tricher pour se justifier
Mais se rendre indigne te prive des actions d'éternité.

Et nous nous rendons compte qu'on court après les vents
Sache que ce qui est mal ne te rendra jamais digne
Quand sans honte on bafoue les règles et les consignes
Imagine ne plus porter les couleurs noires de souffrance
En s'orientant vers ce qui est bien comme une évidence.

Jeune fille

Jeune fille docile
Dans ta vie idylle
Tu n'as pas de choix
Que porter ta croix.

Pour gérer tes envies
Lutter contre les malheurs
Aux tas des flagorneries
Y a qu'à éviter les erreurs.

Le jeune garçon peut s'en sortir
Faire l'essentiel pour son avenir
Il a pour cela ce droit de se battre
Mais toi, tu restes un sous-être.

Toi la future grande éducatrice
Obligée d'être accommodatrice
Pour pouvoir porter les lauriers
Dans un monde devenu ordurier.

La folie du mal prend trop d'ampleur
Comment sécurisé la maman et la fille
Leurs offrir la joie qu'apporte la fleur
Pour un monde d'équité et de merveilles.

Devenez des enfants

Tout est joie, vie et amour quand on reçoit les pluies d'étoiles
Quand on brise les barreaux de l'ignorance qui nous voilent
Et que rien ne s'obtient par hasard, il faut la force du travail.

La haine et l'incompétence nous font voir chez l'autre la paille
Nous enfonçant dans les mystères qui nous éloignent de la grâce
Il est temps de laisser l'imbattable lumière prendre sa place.

Que les couleurs qui sont de notre ciel, jamais ne s'écaillent
Alors s'ouvrirons pour tous les meilleurs moments d'espoir
Qui écriront en lettre d'or la plus belle de nos histoires.

Évitons dans nos actes des comportements d'attentisme
Les mœurs du fatalisme et voire même du catastrophisme
Pour laisser libre court à la vertu qui ne doit cesser de croître.

Que l'inquiétude et la méchanceté n'égaleront jamais la joie
Que brille dans nos cœurs le soleil qui maintient notre foi
Pour fracasser les idées insoumises à la belle vie qui font la loi.

Nous avons à vaincre les mauvaises passions qui créent la peur
Nous accepterons le don de vie tel qu'il est, comme une faveur
Qui nous maintient dans notre sérénité et de notre honneur.

Car seul l'amour est toujours indémodable
Et on le recherchera même sans raison valable
Il est dans nos génomes même si on l'ignore.

Cessons de valoriser tout le mal qu'on déplore
Soyons sensibles les uns envers les autres
Et suivons ce conseil donné aux apôtres.

"Que le plus grand parmi vous soit comme un enfant".

L’illustre matrice

Ô fille, ô femme
Quel que soit les bâtons reçus
De tes bras ouverts et étendus
Tu es au centre de toutes les vies.

Ô mère, même quand l’ingratitude
Nous pousse à piétiner tes valeurs
Jamais tu ne perdras ta bravitude.

À toutes les insultes et les persécutions
Tu as imposé ton adorable silence
Aux calomnies sans fondement
Tu as confirmé ta bienveillance.

Jeune fille, même si encore on peine
À te reconnaître ce que tu vaux
Ce que vit ta mère est devant tes yeux
Barre la route qui mène au tombeau.

La rude tâche est de bannir la haine
Que les défaillances ne soit pas capitaine
Qui peuvent trahir le sésame de l’amour
Tu écraseras tous ceux qui y concourent.

Face aux multiples épreuves
Des immensités des couleuvres
Qu’il t’a fallu avaler à travers tes œuvres
Ton bras sera inébranlable comme le fleuve.

Car de toi jaillit cette puissante lumière
Qui t'abreuve de force contre les tracas
Contre les actions qui te tirent vers le bas
Pour lutter contre l'intimidation et les barrières.

Tu te mets en alerte en bonne chevrière
Toi la maman, notre illustre matrice
La base de tout et surtout le seul indice
Qui trace et protège nos vies autour des cratères.

Pour que nous trouvons nos véritables repères
Il faut une maman aimante sans les idées amères
Une combattante qui maîtrise son précieux rôle
Loin des fatras, des immoralités indignes et des idoles.

L’inoubliable

Comment pourrait-elle oublier
L’expérience qui l’a marquée au fer rouge
Le viol inattendu de son âme et de son corps
Dans le crépuscule grandiose de l’ignorance
S’ouvrit alors le destin d’une vie morose
Et ce forfait fut commis à l’hôpital
Par un médecin comme un acte banal.

De la souffrance à la décadence
Elle se condamnait face à l’évidence
Elle était vierge, belle et insouciante
Il a suffi d’un acte pour que tout change
Pour que sa vie devienne étrange
Dans cette phase d’adolescence
Qui la mit en face d’une culture perverse.

Elle n’avait rien d’autre que sa candeur
Et elle tombât sur un boustifailleur
Qui bousillait toutes les chairs fraiches
En s’exerçant à trouver les brèches
Sous les airs d’un grand protecteur
Il ne put cacher qu’il est un vil adversaire
Qui est en réalité un triste mercenaire.

Elle le découvrit d’une façon violente
Sa beauté naturelle victime de ces écarts
Attirât malgré elle l’homme cafard
L’inoubliable lui fut imposé malgré elle
Est-ce parce qu’elle était belle ou rebelle ?
Elle se souviendrait toujours de ce jour
C‘était son médecin, elle lui faisait confiance.

Lui qui lui paraissait si gentil
Et il lui avait fermé la bouche
Tout en disant : “ne cries pas s’il te plait”
Alors que ces mots étaient souffrance
Il a volé sa virginité, faisait fi de son état
Tout en disant : qu’un jour elle le remercierait
Quel goujat sans honte s’en prendre à une adolescente.

Et ne rien se reprocher à sa conscience
Mais tout cela continue sous silence
Tout le monde veut qu’on n’en parle pas
Car ça sent trop les odeurs de flatulences
Qui incommode tout ce monde hypocrite
Lequel prétendait nous imposer les rites
D’un monde de paix, non on ne se tairait pas !

Les langues se délient

Maintenant on peut en parler de toutes ces épreuves
Qu'on ne pouvait dire depuis tant d'années et des millénaires.
Coincé entre le père, le frère et toute la gent masculine
Qui croyaient bien faire pour nous, entre injonctions et flagellations.

Voyant des femmes comme objet de rires et des plaisanteries amères ;
Dans ce système imbu, on ne les voyait pas pourtant comme les partenaires.
Quand elles sont violées, battues, terrorisées, tuées et dévêtues
Personne pour dénoncer cela, il n'y avait que nos bouches étaient cousues.

Quand dans le fond de nos tréfonds, on était déçues
Par cet assujettissement qui était normalisée dans tous les lieux
Et nous étions des sujets de moquerie pour nos propres frères
Superbement ignoré et cautionné par le patriarche : le père.

Aujourd'hui nous pouvons casser les cages verrées indignes
Qui laissaient tout voir et faisait en sorte que l'injustice pérennise.
Vu que la lumière nous est donnée pour se délier les signes,

Des fausses attentions et de ces fausses protections crémeuses et acidulées.

Il faut qu'on se libère de ces chaînes pourries,
De ces fosses où on a été abandonnées,
Et où tout nous a été imposé, énoncé par l'ami,
Le père ou le frère, ces gens qui nous ont témoigné du mépris.

À qui nous avions donné notre confiance sous tous les coups reçus
Jusqu'à se taire et leurs trouver les circonstances atténuantes
Pour pouvoir supporter notre souffrance dans ce milieu.
Héroïne ignorée dans l'esclavage institué par nos coutumes affligeantes.

Dans cette pénible expérience qui n'est pas un secret,
Les murs ont fini par se fissurer face à l'évidence.
Des actes de l'homme violent qui crache sur son reflet
Ils battent et rebattent la mère et la fille en toute inconscience.

Les langues se délient et tout sera mis à découvert
Désormais car comment faire autrement
Pour trouver le chemin du bonheur et de la paix
Quand l'injustice fait son droit de travers.

Pour soumettre aux femmes une vision des inutiles
Qu'elles devraient assumer sans un murmure
Mille souffrances imaginées dans les cœurs fragiles,
Les faisait passer par des rituels qui prétendument sont de nos cultures.

Des humiliations d'être lacérées, violées, battues
Brisées des lavages de cerveau, faisait de nous des inconnues.
Un non contre les coups et les angoisses, les poisses,
Le paternalisme qui nous exploite et nous casse sans cesse.

Non au viol

On m'a retiré mon droit
On a parlé pour moi
Mes besoins sont piétinés
Mon estime est bafouée
Tout m'a été volée, violée et voilée.

Mon innocence et ma joie
Ont tous subi diverses cassures
Mes actes sont dans la ligne des censures
Mes paroles arrimées à ce que pense l'homme
Soumises à son impudence sans foi ni loi.

Je n'ai eu que comme ami le silence
Des gens qu'on retire toute substance
Mes mots ont été réduits à néant
Tout n'est que miniature en ce qui me concerne
Ma vie calquée dans un fond béant.

Puisse que mon tam-tam résonne fort
Qu'il combatte en nous-même la lassitude
Pour les millions de femmes de l'univers
Et rythme ces cris traduits envers
Pour la fille et la maman détruites à tort.

Pouvoir avoir les paroles pour soi
Pour pouvoir défendre leurs intégrités
Pour manifester leurs dignités
Pour se mettre à égalité avec l'homme
En s'imposant comme des partenaires de choix.

J'enlève le bâillon de l'impunité

Qui m'infantilise en toute impudicité
Saccageant tout ce qui m'est liberté
En faveur des normes du monde étriqué
Et des fausses règles qui nous pourrissent la vie.

Alors oui, non à l'humiliation et au viol
Non aux bâillonnements de nos idées
Non aux terreurs et aux calamités verbales
Non à toute sorte de vacuité.

Les poings levés

Tu m'as choisie, épousée
Imposée des maitresses
Puis jeté comme un chiffon
Tu riais face à ma détresse.

Tu m'as battue, rebattue
Parce que je t'avais répondu
Quand il fallait que je reste coite
Je devais me conformer aux élites.

Je t'ai donné des enfants
Mon corps s'est transformé en laissant les traces
Et pour toi, c'est le chemin de la casse
Sans soucis, tu me mis un coup au flanc.

Tu étais mon unique, ma moitié
De ton côté, il te fallait un harem
Et dans tout ça, on était qu'un barème
On était des générateurs dans ton rentier.

Les noces de l'inconscience je l'ai eu
Des pensées de noirceurs absolues
Et pourtant à toi fidèle, je suis restée
Esclave moderne et ancienne entremêlées.

Il est temps d'éliminer le soleil viral
De ne pas renier ma propre existence
De mettre un coup au vaisseau de l'amiral
Réapproprier ma vie est une évidence.

Notre devoir

Les hommes ayant perdu leur crédit n'ont qu'à se taire
Le pouvoir n'est plus leurs monopoles
On les leur arrache et on se partage les rôles
Nous suivrons en tant qu'êtres humains les mêmes itinéraires.

Nous subirons ensemble les œuvres de nos humiliations
Partenaires dans la vie, choisissons la vie sans compétition
Pour arriver à construire un monde sans les étiquettes
Pour l'honneur de l'humanité ne lâchons pas nos baskets.

L'égoïsme a traîné l'homme dans le déshonneur
Bras levés nous mettrons fin au rôle de soubassement
Pour élever la fille et la femme sans y mettre les équations
L'homme et la femme seront alors de tous les émoluments.

Ouvrant les yeux

Soyons des affranchies d'un monde nouveau
Refusons des connaissances d'un monde suranné
Des discriminations qui conduisent au tombeau
En nous induisant sciemment en erreur
Alimentant angoisses, tristesses et peurs
Devenons des pionnières des femmes respectées.

Pour qu'enfin souffle un vent prospère
Dans les cœurs brisés, étranglés et meurtris au fer
Que ces êtres bafoués retrouvent leurs noblesses
Afin que soit banni de ce monde les mafieux sans cœur
Les vandales inutiles qui s'exercent sur nos corps
Par l'arrogance d'êtres imbus qui les écrasent sans cesse.

Génocidaires des rêves de progrès des femmes
L'homme détruit leurs estimes dans leurs âmes
Il les soumet aux visions d'un monde d'autrefois
Elles ont beau connaitre l'immensité de la nuit parfois
Les flagellations des millions de crimes incestueux
Obstruant leur espoir détenu par les multivictorieux.

Et elles sont restées aux questionnements
À garder les fruits de leur bâillonnement
Ouvre les yeux !
Sur cette situation d'injustice et de tragédie
On doit s'unir afin de se donner un fort élan
Pour combattre notre dignité enlaidie
Par les misères physiques aux cœurs croulants.

Choisissons toutes de changer la trajectoire
Profitons pleinement de cette écritoire

Pour dénoncer le bien-être privatisé
Aux élites masculines trop blasés
Qui détruisent nos étoiles sans vergognes
Ces transgresseurs croient leurs actes dignes.

Face à l'insécurité

Avec nos cata-catas
Nos maris violents
Infidèles et indolents
Nous sommes dans la cata.

Avec nos guerres fratricides
Doublés des crimes matricides
Sans compter les féminicides
La femmes victimes de tous les maux.

Il y a l'homme battu aussi
Par la femme violente
Celle qui ose son impudence
Elle passe par les voies raccourcies.

La maltraitance existe face à l'homme
Les chiens qui aboient n'ont pas de genre
Face à l'insécurité, les hommes sont moins nombreux
La suprématie naturelle est en faveur d'eux..

Celui qui en bave de tout est encore la femme
Celui qui ne bouge pas le bras reste un infâme.
L'insécurité de la femme anéantie la société
En tant qu'éducatrice, faites qu'elle en sécurité

Impensable

Tu te crois fort
Tu maudis à tort
Tu causes du chagrin
Tu craches du venin
Et ça ne te fait rien
De pousser à la fin
En faisant fi du bien.

Aimer le mal
Trouver cela banal
Humer l'air pur
Sans penser à l'usure
Aux murs de falaises
Contre les gens paisibles
Que tu ne cesses d'ériger
À ceux que tu ne veux ménager.

Tu flottes dans les brumes
Tu perdras ton humour
À ne pas reconnaitre l'amour
Tu ne boiras que de l'amertume
De ton existence étriquée, frustrée
Et ton penchant pour le mal illustré
Ne ferait de toi qu'un être indigne.

Être humain

C’est se connaître
C’est s’émouvoir
Face à la douleur des autres
C’est donné sans recevoir.

Ce n’est pas avoir de l’argent
C’est avoir les principes de valeur
Non pas faire la fanfare des slogans
C’est agir discrètement loin des délateurs.

C’est donné à l‘amour sa noblesse
C’est refusé les actes dégradants
Et mettre la compassion en avant
Mettre en avant l’aimable sagesse.

Ne pas fermer les portes du cœur
Parce que c’est dur et qu’on a peur
Être humain ça se forme et ça se forge
Ça se laisse renouveler pour que ça change.

La vie

Elle nous prend
Elle nous apprend
Elle nous reprend
Même à nos dépens.

Elle enseigne, elle donne
Elle initie, elle façonne
Elle nous abandonne
Puis elle nous raisonne.

On fait des promesses
À l'aube de notre jeunesse
On a eu les mêmes espoirs
L'envie d'éternité et du savoir.

L'horloge continue sa route
Quand en chemin d'autres meurent
On affronte nos doutes
Mais certains demeurent.

La vie c'est aussi le chagrin
Qui se trouve sur le chemin
De la durée du temps qui passe
Et de nos souvenirs qui s'effacent.

C'est le début du compte à rebours
Dans le voyage unique du non-retour
Et quand le corps accumule plus de rides
Qu'on ne pourra stopper même en tenant la bride.

Les sillons creusant ma peau qui montre
Que le temps qui s'en va, puisqu0n ne peut lutter
Aussi bien contre le temps, ni contre la montre
Et l'implacable juge, nous livre à l'obscurité.

Il n'y a pas de combat sans but ni cause,
Si on l'ignore, on sera artisan de notre psychose
C'est se détacher de sa jeunesse pour lui dire adieu
À la vie qui amenuise tous nos beaux moments radieux.

La nature

Les mystères de la nature ne vont pas nous étonner
Quel que soit les chansons qu'on aura entonnées
Nous gouterons à des vents violents et contraires
Nous n'aurons que nous même comme adversaire
Car on aurait fait fi de ce que nous enseigne la nature
En mettant tantôt en exergue notre immature.

Elle ne vend pas mais nous donne des rêves merveilleux
Que nous pouvons en notre conscience explorer et exploiter
Pour humer, entendre et éviter les sons caillouteux
Quoiqu'il arrive, protégeons cette richesse à ne pas convoiter
Car elle est pour tout le monde, elle est mise à la disposition de tous
À chacun d'en prendre soin en son âme assis ou debout.

La nature est notre meilleure amie
Elle peut aussi être la meilleure ennemie
Que nous aurons parfois à mettre au tapis
Tant que c'est elle qui à la clé de nos vies
Elle jouera le rôle important de purifier notre air
Où s'annule le mépris qui n'est pas ces affaires.

Vieillir

Quand on a eu la chance de vieillir
On peut voir cela comme magique
Ce don ne dépend pas de nos désirs
Le mérite revient à Dieu l'unique.

Osons honorer ce tendre privilège
Qui n'est pas l'abus des sortilèges
Mais un don de Dieu aux humains
Une faveur imméritée de notre destin.

Laissons entrer de la lumière
Pour s'éclaircir de l'ombre
Des séparations, des frontières
Aux idées qui nous encombrent.

Que vieillir n'empêche jamais
L'envol de l'espoir pour demain
L'être humain non immuable
Vieux et jeunes, on est tous valables.

Quand on s'incline devant le cycle de la vie
De la force qui décline et puis s'enfuit
De la gloire qui s'en va et la jeunesse aussi
Ne laisse pas ton cœur devenir indécis.

Tous les deux ont une valeur inestimable
Vieillir c'est avoir l'expérience de tant de choses
La joie, la peur mais aussi la route des roses
C'est dire que dans ce monde, rien n'est ineffable.

Acceptons de ce qu'on est devenus

En cassant toute sorte de barrières
Soyons pour les jeunes des verrières
Qui prendront la relève par leurs mains tendues.

Pour le meilleur ou le pire
Ne perd pas ton sourire
Dans ce chemin commun
On deviendra tous des défunts.

Digérer

Penser encore et encore
Maudire en son cœur
Et si je décide en ce jour
De ne plus subir ces tours.

Un jour ou l’autre
Il faut que je le fasse
Me regarder en face
Se reconnaître maître.

Maîtresse de son destin
De son succès
De ses erreurs, de ses pétrins
Où se retrouvent les excès.

Il faut maintenant
Tenir compte des faits
Des déchets culminants
Digérer ces hommes objets.

Rien ne sert de fuir la misère
D’être quelqu’un de riche
Si on n’a pas un cœur austère
Face aux épreuves, on fera l'Autriche.

Égarement

Pour m'isoler, j'irai à la montagne
Je ne m'enferme pas dans le bagne
Je veux profiter de l'air sans pollution
Rester loin des combats des chefaillons.

Je resterai concentrée sur ma conviction
Je suis comme quelqu'un qui vit l'éviction
Dans ma peau et ma tête, mon être entier
J'en ai marre au point de me faire pitié.

Partout où se pose mon regard
Je vois que souffrance et misère
La douleur a vaincu les frontières
La violence et la haine nous égarent.

Prétention

J'ai cherché les étoiles en pleine nuit
Dans l'obscurité de cette vie étiolée
De ce monde qui n'offre que l'ennui
Aux méchancetés des êtres piétinés.

Et j'ai trouvé contre la violence
Immortaliser mon meilleur sourire
Montrer l'amour en toute évidence
Inverser la haine pour pouvoir chérir.

J'ai beau regardé aussi loin que possible
J'ai laissé mes rêves chercher le meilleur
Mais dans ce chaos tout n'est pas facile
Me tenaille l'envie d'aller voir ailleurs.

J'ai pu voir que je n'étais pas le seul
À avoir les idées noires et suicidaires
Les faux prophètes sont nos partenaires
Qui ne s'intéressent qu'à leur portefeuille.

J'ai prétendu pouvoir améliorer ma vie
Comment pourrais-je relever ce grand défi
Quand les prédiseurs de tout ça, s'en moquent
Ils jouissent du confort comme l'œuf dans sa coque.

Les malheurs du monde

Personne ne te tendrait les mains
Et pourtant, on est tous les humains
On connait les mêmes lendemains
Mais si tu es bas, on t'écartera du chemin.

On te manipulera pour mourir sous les bombes
On te chantera des fausses louanges de ce monde
Pour se servir de toi en chair à canon sous les landes
Et te faire oublier l'autre vaillant dans la tombe.

Est-ce que c'est ici-bas le bonheur qu'on te souhaite ?
Quand on te fait voir une des visages à la joie surfaite
Tu t'en vas te battre loin de ta famille à l'ombre du soleil
Écoutant les mots mielleux qui te conduisent dans le sang vermeil.

Et puisque tu as accepté de rompre avec l'avenir
Oubliant tout ce que tes parents et la vie ont pu t'offrir
Tu as choisi le néant du boulevard des illusions sur ce chemin
Qui t'impose de tout anéantir et de tuer ton prochain.

Et aujourd'hui ou demain
C'est l'autre qui va te tuer
C'est devenu votre quotidien
Le jeu de gagner ou de destituer.

On en a assez d’avoir à perdre l‘aurore
De nos vies en étant comme mort-vivant
Des bruits nauséabonds qui nous perforent
À rendre malade nos cœurs et nos tympans.

Sans prise

Brise du matin, brise du soir
Toi qui nous inondes de douceur
Nos cœurs de vase prêts à échoir
Font face aux difficultés sans couleur.

Nos cœurs s'enflamment et s'alarment
Toute une génération est en pleurs
Des bruits des armes qui font mal aux cœurs
Le ciel est resté coi face à nos larmes.

Vois-tu comme moi cette souffrance qui nous dévore
L'avenir des jeunes piétiné, vampirisé sans vergogne
Sans prise, les yeux rougis scrutent cet horizon indigne
Et le peuple sera l'infortuné méprisé encore et encore.

Sans prise, même la brise ne nous apporte rien
Le bonheur a fui nos coulisses, il nous a lâché
On ne sait plus comment renforcer nos liens
Revenir aux jours d'antan sans nous crasher.

Quand l'opulence et l'égoïsme nous narguent
Avec les étiquettes deviennent nos chevaux de Troie
Imposant l'acte malveillant sans langue de bois
Nous nous enlisons à chaque coup de vague.

Le mal-être

Il est dans nos émotions
Dans le secret des non-dits
Dans le monde des actions
Dans tout ce qui nous séduit.

L'étonnement qui nous envahit
Devant une plante en floraison
La joie qui fait perdre la raison
Quand le soleil au ciel nous ébahit.

Les persécuteurs nous observent
Ils s'abreuvent du sang de la souffrance
Distillant en nous l'esprit de la déchéance
Mais Dieu notre forteresse nous préserve.

Le bonheur est peut-être quelque part
Aux violences qui nous suivent dès le départ
Que rien te prive d'atteindre tes objectifs
De Satan et ses démons ne soyons pas craintifs.

L’encre de mon corps

Puisqu’on ne peut être impressionné
Ni par les titres, ni par les administrateurs
Ni par l’argent, les diplômes et les honneurs
Car la morale interdit de se faire étiqueter.

Et ça fait du bien de se libérer de ces chaînes
Ces titres honorifiques du monde de duplicité
Font réguler les inégalités qui nous enchaînent
On est tous pareils, osons tous pour la simplicité.

Soyons plutôt adepte de tout ce qui est générosité
Recherchant le diamant de l’amour et de l’humilité
Dans tous les moindres endroits de nos rêves
Cassons ce monde criminel qui nous mène dans la crève.

Fuyons comme la peste toutes les violences
En laissant l’amour remplir tout notre espace
Car le même sang qui coule en nous est efficace
Pour qu’on se pardonne tous, nos offenses.

L’encre de mon corps est l’encre de ton corps
Oublions nos pulsions de folie des grandeurs
Des compétitons créatrices de rancœurs
Qui génèrent en nous les fruits du malheur.

L'absurdité

Quand je m'apprêtais à aller au lit
J'apprends que tu es décédée
Avant-hier on s'était parlées
Reste calme, ne te fais pas de soucis t'ai-je dit !

Roxia et le lendemain tu es partie
La violence a eu raison de toi
Tu fais partie de ces sans-voix
Qu'on maltraite à dessein.

À dix-sept ans c'est trop tôt
Roxia quel tragique destin !
Le temps n'a pas amélioré l'humain,
Par les siens tu as été abandonnée.

Pauvre petite fille sourde et muette
Des coups sans pitié et sans alerte
C'est dur de voir mourir une jeune violée et brisée,
Qu'on conduit tout droit à la tombe des méprisés.

Rejoindre ceux qui sont dans les limbes
Pourquoi l'homme est si méchant ô Dieu
Pourquoi le système laisse ces actes odieux ?
Roxia, on a cru pouvoir te sauver mais sans Olympe.

Mais seul Dieu a le contrôle
Ces mains qui t'ont tuées
Ne t'inquiète pas, leur tour viendra
Car tout se paie même une obole.

Quelle absurdité Roxia, Roxia, Roxia.

La petiote

Je ne suis qu'une idiote
Qui ne fait pas de contrefaçon
Car j'agis toujours à ma façon
Et puis je ne suis qu'une petiote.

J'ai choisi de tourner le dos
Aux histoires sans sens et vides
Aux ambitions qui nous dévident
Mes peines je les mets dans l'enclos.

Quand la persécution s'invite
Je la crucifie par mon silence
Car je veux être loin des offenses
Et mon âme à juste titre, les évite.

Et quand l'impatience se manifeste
Par les idées négatives que je déteste
Je m'applique à mettre de la distance
Avec tout ce qui amène les déviances.

Mon regard, cette ligne d'horizon
À libérer mes rêves dilettantes
Dans cette jungle des résistants
Avaler des bouffées d'air scintillantes.

Royaume des injustes

De plus de plus de mensonges
On se la joue perfide et crédule
On se le revendique et on le stipule
Dans nos actes et nos échanges.

On ment souvent pour le paraître
On le sent bien à des kilomètres
S'engouffrant dans l'amas d'hypocrisie
Aux déceptions qui nous défient.

Ainsi veille à ne pas être surpris
Si pour un regard, un mot de travers
Tu te sens rejeté et incompris
Ne t'en fait pas de ce coup de revers.

Rien dans ce monde ne reste caché
Les injustes verront leur vérité crachée
Le temps maître sacré, dévoile tout
Les menteurs ne tiendront pas jusqu'au bout.

Le royaume des faux justes de ce monde
Est sujette aux fausses choses qui nous inondent
Contre le mensonge, il y a un combat très noble
Qui est l'épingle d'acier comme les épagneuls.

Soleil d'amour

Que ce beau soleil se lève en moi
Que je m'énivre de tous les émois
De bonté, de compassion et d'amour
En s'écartant des haineux toujours.

Que ta lumière règne en moi
Et anéantisse l'ennemi du droit
Afin de dissoudre d'inutiles deuils
Qui sont les résultats de nos écueils.

Non au soleil noir, oui au soleil d'amour
Non au vampire qui s'abreuve du sang
Non à l'incestueuse relation des dragons
Pour que le feu d'amour règne toujours.

Femme vaillante

Elle est la guerrière de l'ombre,
Elle ne craint ni défis, ni obstacles
Elle se bat sans faire de spectacles,
Elle ne laissera personne lui dicter son rôle.

Dans l'écrin de la vie où brille son étoile,
Elle se lève et se débarrasse de ses voiles.
Son cœur brûle, son esprit s'enflamme,
Elle affronte le monde, son âme en flamme.

La femme vaillante est un pilier de la famille
Elle porte en elle la force tranquille
Elle allie sagesse des anciens et douceur des colombes,
Un paradoxe qui n'étonne personne, mais qui lui incombe.

Elle est l'avenir du monde et l'espoir de demain,
Une source d'inspiration pour un meilleur destin.
Loin de s'enfermer dans le stéréotype, elle œuvre pour sa vie,
En traçant sa voie avec audace et liberté face aux conflits.

La femme, cet être fragile

Dans le monde fragile et cosmique
Dieu a offert à l'homme un joyau unique
La femme, un beau berceau
Sphère de vie, son porte flambeau.

Elle est altière au-dessus des montagnes,
Des océans profonds, des forêts luxuriantes
Aux déserts arides, elle est constante
Une biodiversité l'imprègne.

La femme, une mosaïque de paysages
Et de couleurs qui nous réchauffent
L'eau qui nous abreuve en tout âge
Autant de dons précieux qui nous baffe.

Ne doit-on pas la protéger et la chérir
Quel que soit les intensités des désirs
Puisse le cœur exprimer la splendeur
Pour lui faire honneur, maintenir son bonheur.

Génération des filles perdues

Dans le spectre d'un monde en changement
La jeune fille est soumise aux insidieux relents
Des valeurs s'effritent, des sagesses qui s'en vont
Laissant pour leur future un vide effrayant.

Elles cherchent de réponses dans un fleuve d'incertitude
Marchant à l'aveuglette sans boussole, sans certitude
Il n'y a plus de modèle qui compte, tout s'effondre
La voilà orpheline d'un système lié au coup de fronde.

Les réseaux sociaux l'enferment dans une identité mensongère
Obligée de construire une vie fragmentée et éphémère
Qui l'incite dans les méandres d'un paraitre illusoire
Pourtant au fond d'elle, elle est à la recherche de l'espoir.

Dans ce monde de violence, le chemin de l'avenir
Leur semble incertain et leur coupe tout désir
Qui peut les accompagner dans leur quête de sens
Pour aller de l'avant, ne plus subir trouver de l'essence.

Elles ont besoin des outils pour se construire et se repérer
Pour qu'elles puissent se préparer à être actrice de leur vie
Dans un futur qui n'est pas lointain pour relever le défi
Dont tout le monde devrait se mouiller pour préparer.

Fragments de fureurs

Elles se meuvent en meutes, regards méchants et de glaces
Des rivalités aiguisées qui transforment le cœur en carapace
Usant du langage tranchant qui impose des humiliations subtiles
Une violence entre filles, sourd aux blessures des pustules.

Les jalousies, les frustrations et les douleurs ; ça tue
Ça explose en actions méchantes et en paroles crues
Le corps est devenu un champ de haine et de bataille
Les coups pleuvent pendant que les aigreurs s'installent.

Derrière la fureur se trouve les failles profondes
Les blessures d'enfance et des peines immondes
La privation d'un regard bienveillant, des mots doux
Il y a besoin d'exister, de faire connaitre ses atouts.

La violence est parfois un cri silencieux
Une souffrance cachée qui veut s'exprimer
Un besoin d'amour, un appel à l'aide judicieux
Que la société peine à entendre et à primer.

Il faut briser le cercle des mauvaises influences
Initier d'espace d'écoute et de bienveillance
Pour qu'elles trouvent la paix et puissent se construire
Qu'elles trouvent de la considération pour ne plus se détruire.

La femme, source de vie

Des entrailles de la femme,
Naisse les êtres humains.
Elle protège et transmet,
Nourrit et éduque avec flamme.

Matrice du monde, source de vie
Transmetteurs du précieux
Héritage de l'humanité à vie
Un acte des plus glorieux.

Dans le jardin de nos existences,
Par elle, toutes les fleurs sont écloses.
Elle illumine le monde de sa présence,
Elle est un trésor dans son apothéose.

Elle est amoureuse, passionnée et sincères,
Se levant pour défendre les causes justes.
Elle aime, pardonne et comprend les concerts
Et réchauffe les cœurs dans un monde injuste.

Et pourtant, c'est elle qui est discriminée,
Elle a cette résilience qui n'est pas minée.
Le fruit de son savoir rime avec générosité,
Étant un mélange de force et de fragilité.

La femme en marche

Dans la rue de la ville, le matin se lève,
Une balade des femmes s'annonce brève.
Elles sortent pour les courses, une à une,
Le cœur léger, l'esprit dans la lune.

Elles se retrouvent ensemble, pas après pas,
Unies dans la flamme, pour le même combat.
Elles échangent les mots, elles s'entraident,
Solidaires et fortes, elles ont trouvé leur remède.

Elles n'ont pas oublié les luttes passées,
Des femmes qui ont osé et qui ont tracé.
Simone, Rosa, Olympe, et tant d'autres,
Leur courage inspire, leur exemple transporte.

Elles savent que le chemin est encore long,
Que les inégalités persistent, le travail est lent.
Elles ne se découragent pas, elles avancent,
Ensemble, elles sont fortes, elles ont plus de chances.

Elles seront puissantes dans leur balade,
Le sourire aux lèvres et la tête toujours haute.
Héritière des forces d'hier, elles briseront les palissades,
Pour bâtir un monde nouveau sans faute.

Aujourd'hui

La femme se retrouve aujourd'hui,
Dans un futur à espérer ou incertain ?
Tant la violence a encore plus de fruit,
Et elle fait plier tous les humains.

Le regard est indécis, entre espoirs et doutes,
Leurs quêtes dans les lignes des oubliés, sans écoute.
Le système avec les guerres est dans la tourmente,
La crise complexe fait que toutes les choses sont urgentes.

Le monde est en perte de ses couleurs,
Du moment qu'il laisse, la femme dans le déshonneur.
Une force génératrice doit pouvoir réformer les idées,
Où l'homme et la femme s'uniront pour la même destinée.

La vraie liberté doit trouver sa place,
Pour l'égo patriarcal s'efface.
Et l'égalité soit équitable entre nous,
Car c'est un trésor à chérir jusqu'au bout.

Nouveau combat, nouveau soldat

Contre tout le système patriarcal,
Les femmes ont cette bonne volonté impartiale.
De susciter l'espoir dans un monde de cruauté,
A la conquête des valeurs humaines étranglées.

La crise des principes moraux, est une urgence prégnante,
Qui met tout le monde dans l'inconstance tourmente.
La complexité de se faire entendre, les rendent solitaire,
Alors qu'on a tous besoin d'un milieu juste et solidaire.

L'engagement est déjà la base d'une valeur retrouvée,
Un terreau qui servira à faire entendre leurs voix.
La femme, ce nouveau soldat se lève pour faire valoir son choix,
Et pour imposer ce qui est logique et doit être recouvré.

Mais il faut aussi combattre sa fragilité et sa peur,
Les contraintes sociales, l'inquiétude et la torpeur.
Elle se mobilise pour que tous aient un avenir meilleur,
Que le monde épouvantable devienne un monde d'honneur.

Clous de la vie

Sauver, renier ou périr
Abandonner ou choisir
Entre airain et volonté
Existe de l'opiniâtreté.

On peut bien s'émouvoir
Sans un grand savoir
Le bien est dans le cœur,
Il nous aide en chœur.

Les solennités d'hypocrites
Obéissent souvent aux rites
Dont les courbettes aux grands
Et d'aigrefins aux longues dents.

Dans l'art contemporain
L'échange du genre humain
Met en avant les truquages
Le masculin devient féminin.

Est-ce le courage ou la lâcheté
À ces vents du monde glacé
Se fixe les ombres outrepassés
Qui imposent des œuvres mouchetées.

Tant qu'on n'aura pas compris la liberté
La facilité aura une place de renommée
L'essence de l'effort perdra tout son attrait
La prestance se fondra dans les actes sans effet.

Maman, mon étoile

Maman, toi qui éclaires mes jours,
D'un amour infini sans détours.
Ton sourire est pour moi, un soleil radieux,
Qui dissipe mes peines, mes soucis anxieux.

Tes bras me sont, un refuge sûr et tendre,
Où je peux me blottir sans crainte, afin de me détendre.
Ta voix pleine d'amour est une douce mélodie,
Qui berce tous mes rêves et toutes mes envies.

Tu es mon guide, mon modèle, mon amie,
Celle qui m'encourage, me soutiens, me bénit.
Tu m'as appris la vie, ses joies et ses peines,
Tu m'as appris à grandir, à aimer sans chaînes.

Maman tu es mon trésor, tu es mon bijou,
Mon cadeau qui vient du ciel, d'un amour fou.
Je te remercie pour tout ce que tu es,
Pour ton amour inconditionnel et tes bontés.

Que ce poème soit un humble hommage,
A ton amour intense sans âge.
Maman, je t'aime plus que les mots,
Tu es mon étoile et mon plus beau cadeau.

Ton extraordinaire sollicitude,
M'impose la gratitude,
Que je dois à ton amour martyr,
A ta résilience avec tant de plaisir.

Le cœur de la femme

Le cœur de la femme est au seuil de la terre,
Où on trouve l'amour véritable, source de vie,
Une maman est le guide dans l'océan des défis
Elle nous dévoile l'existence des mystères.

Dans tous les actes, aux faits indéfinis,
Son amour se bat contre les montagnes,
Des falaises profondes et infinies,
Elle nous offre un décor d'une vie digne.

C'est un amour sans fin ni fond,
Qui nous pousse à l'examen profond,
Pour changer nos regards et nos pensées,
Sur ces enclos pleins d'amours cadencés.

Ii y ses chants aux mélodies d'oiseaux
Des cadences diverses et multiformes,
Des chants qu'elle adapte á notre forme
Le cœur de maman est beau, même en lambeau.

Elle nous offre des refuges de tendresse
Des milieux de quiétude et de méditation.
Et des attentions qui comblent nos désirs
Sur fond de fraicheurs pour nos plaisirs.

Ces colères, parfois furieuses, impétueuses,
Elles grondent comme les mers majestueuses
Sont des temps de sagesse et de bonheur.
Qui nous éduque dans la joie et l'amour.

Son regard est semblable à des fleurs omnicolores,

Dans la joie c'est une vision féeriques où s'incorpore
Nos actes sauvages qui magnifient encore le décor
Le bruissement qui nous chaloupe notre vie en chœur.

Le ciel levant, est témoin de cet amour inouï,
Où astres brillants font la magie de nos nuits.
La lune dans le secret, est la douce compagnie,
Et tous nos cœurs se mêlent à cette harmonie.

Le cœur aimante d'une femme est un cadeau précieux,
Son équilibre fait de nos cœurs un joyau silencieux.
Il faut bien la chérir et aussi l'aimer dans sa dignité
Que l'héritage ne se perd pas, que tous puissent profiter.

Postface

« *Les femmes sont la moitié de l'humanité, et elles sont la moitié la plus opprimée* » Mao Zedong. Cette citation nous rappelle l'ampleur de l'oppression dont sont victimes les femmes dans le monde, les valeurs humaines sont en recul chaque jour par rapport à la recrudescence de la violence et de la perte des valeurs et principes moraux.

J'ai conscience des difficultés que rencontre la société face à un système établi depuis les millénaires, j'ai aussi conscience que nous pouvons faire mieux pour combattre ce qui doit l'être. Certes, l'homme n'est pas parfait la société ne l'est pas non plus ; puisqu'elle est dirigée par les hommes.

Je préconise donc l'ouverture pour un monde qui doit porter la flamme de la fierté afin de renaître plus forte et déterminée, cela ne peut se faire qu'ensemble : homme et femme unissant leur effort pour construire un monde ou la violence n'aura pas de place.

La pédagogie de masse a sa place ici, il faut reformer, éduquer et recentrer les normes qui mettent en valeur l'apport de la femme dans la société, sachant déjà qu'elle est mère, éducatrice et nourricière. Ce sont là, les bases importantes qui régissent la société.

James Emman Aggrey a dit : « *éduquer un homme c'est éduqué un individu. Éduquer une femme c'est éduquer une nation* » Il est donc inadmissible de faire subir de la violence à la femme qui est le fondement de la société, en sachant tous que l'éducation est un puissant facteur de réduction de mauvaises mœurs mais aussi de la pauvreté mentale et financière.

Ce fléau qui est la discrimination de la femme dans tous les domaines, doit être combattu par tous les moyens

possibles pour mettre fin aux cycles intergénérationnels de désavantages de la femme afin de booster sa capacité d'intervention dans tous les domaines de la vie.
Mettre fin à ce leitmotiv : la fille doit rester à la maison pour être au service de l'homme, cette injustice à l'encontre de la fille depuis son enfance, n'a plus sa place.
Les regards de vautours qui veulent régenter la femme dans ce qu'elle a á faire et doit faire doit être éradiquer.
Pour terminer, je citerai cette phrase de l'Abbé Pierre : « *l'indifférence est la pire des violences* », ce qui signifie cela est une sorte de violence en soi-même ; levons-nous combattons main dans la main avec les armes de la valeurs morales.

Raymonde Ankoli Bouta.

TABLE

www.ingramcontent.com/pod-product-compliance
Lightning Source LLC
LaVergne TN
LVHW051116051026
849532LV00004BB/1562
* 9 7 9 1 0 4 2 8 1 3 2 2 2 *